DOM MURILO KRIEGER, SCJ

JESUS CRISTO

Imagem do Deus invisível

EDITORA
SANTUÁRIO

Coordenação Editorial e Copidesque: Ana Lúcia de Castro Leite
Revisão: Sofia Machado
Diagramação e Capa: Maicon Santos

Dados Internacionais de Catalogação na Publicação (CIP) de acordo com ISBD

M92j Krieger, Murilo

Jesus Cristo: imagem do Deus invisível / Murilo Krieger. - Aparecida : Editora Santuário, 2022.

80 p. ; 16cm x 23cm.

Inclui índice.
ISBN: 978-65-5527-221-5

1. Religião. 2. Cristianismo. 3. Jesus. 4. Deus. I. Título.

2022-2343 CDD 240
CDU 24

Elaborado por Odilio Hilario Moreira Junior - CRB-8/9949

Índice para catálogo sistemático:
1. Religião : Cristianismo 240
2. Religião : Cristianismo 24

1ª impressão

Rua Pe. Claro Monteiro, 342 – 12570-000 – Aparecida-SP
Tel.: 12 3104-2000 – Televendas: 0800 - 0 16 00 04
www.editorasantuario.com.br
vendas@editorasantuario.com.br

Jesus Cristo,
o "Filho amado" do Pai (Cl 1,13),
"é a imagem do Deus invisível" (Cl 1,15).

Sumário

"Ninguém como Cristo tornou o Deus vivo, tão próximo dos homens, e ninguém revelou como ele o fez. (...)
Não tenhais medo de acolher Cristo e de aceitar seu poder! (...)
Procurai abrir, melhor, escancarar as portas a Cristo! (...)
Não tenhais medo! Cristo sabe bem o que está dentro do homem. Somente ele o sabe!"
(S. João Paulo II, Homilia no dia do início de seu pontificado – 22.10.1978)

Apresentação

Hoje, eu devo ficar em tua casa

(Lc 19,5)

"Eu vim para que tenham vida, e a tenham em abundância."

De baixa estatura, e sem poder ver Jesus, se ficasse no meio da multidão, esse "chefe dos publicanos e muito rico" não teve dúvidas: subiu em uma árvore, para garantir uma visão privilegiada, quando Jesus passasse. Imagine a surpresa desse cobrador de impostos quando o famoso Mestre olhou para o alto e lhe disse: "Zaqueu, desce depressa! Hoje, eu devo ficar em tua casa". Com esse gesto, Jesus o conquistou e Zaqueu mudou radicalmente de vida.

No livro do Apocalipse, o convite de Jesus é para todos: "Eis que estou à porta e bato. Se alguém ouvir minha voz e abrir a porta, eu entrarei em sua casa e tomarei refeição com ele, e ele comigo" (Ap 3,20). Ele compara sua relação conosco com a visita de um hóspede: basta que alguém lhe abra a porta – claro: a do coração, porta que só se abre por dentro – e ele entra para estabelecer comunhão. A partir daí, nascem histórias de conversão.

"Deixo-vos o mais maravilhoso de todos os tesouros: o Coração de Jesus. (...) Confio-vos todos a ele. Recomendo-vos a sua misericórdia, dirigindo-lhe a oração que ele mesmo dirigiu ao Pai por seus discípulos: 'Pai santo, guarda aqueles que me deste' (Jo 17,11)."
(Padre Dehon, séc. XX, Testamento Espiritual)

Aberta a porta a Jesus, somos chamados a escutá-lo. Escutá-lo significa acolhê-lo no coração e transformar em iniciativas concretas aquilo que ele falou. Ora, não estamos acostumados a escutar Jesus, pois tal escuta exige tempo, silêncio e concentração. Ele mesmo se queixou: "Por que não entendeis minha fala? É porque não sois capazes de escutar minha palavra" (Jo 8,43). Prestando-lhe atenção, ouviremos ele nos dizer: "Já não vos chamo servos, porque o servo não sabe o que faz seu Senhor. Eu vos chamo amigos, pois vos dei a conhecer tudo o que ouvi de meu Pai" (Jo 5,15).

Não estamos acostumados a escutar Jesus, por isso não lhe respondemos. Temos mais facilidade de falar sobre ele. Escutando-o, vamos aprender que ele não nos fala: ele nos escuta. Nesse silêncio mútuo, nossa amizade sai fortalecida. Foi o que aconteceu com Zaqueu: impactado pela visita de Jesus, resolveu dar a metade de seus bens aos pobres e devolver quatro vezes mais para os que ele havia prejudicado. Seu gesto mereceu uma confortante observação de Jesus: "Hoje, chegou a salvação a esta casa" (Lc 19,9).

Este livro **JESUS CRISTO, IMAGEM DO DEUS INVISÍVEL** (Cl 1,15), quer incentivá-lo a acolher Jesus em seu coração e a se deixar transformar por ele. Ele é o caminho – o único! – para entrarmos em comunhão com o Pai e para contemplarmos o rosto do "Deus invisível".

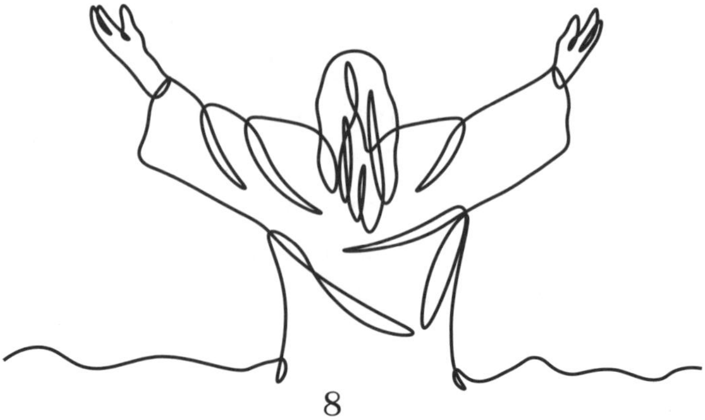

1

O Reino de Deus está próximo
(Mc 1,15)

> *"Por sua encarnação, o Filho de Deus, de certo modo, uniu-se a todos os seres humanos. Trabalhou com mãos humanas, pensou e agiu como qualquer ser humano, amando com um coração humano. Nascido da Virgem Maria, foi realmente um dos nossos em tudo, exceto no pecado."*
> *(Concílio Vaticano II, Gaudium de Spes, 22)*

Ser cristão é ter o foco em Jesus Cristo, o Filho de Deus, o Salvador. O resto é lixo, segundo a expressão de São Paulo: "Considero tudo como lixo, para ganhar a Cristo" (Fl 3,8). Portanto, quanto mais acolhermos Jesus Cristo em nossa vida, mais ele estará no centro de tudo o que planejarmos e fizermos.

Para o apóstolo Paulo, Cristo era uma pessoa viva. Foi esse testemunho que surpreendeu Festo, Governador da Judeia (At 25,13ss). Ao receber a visita do rei Agripa, Festo comentou que tinha sob seus cuidados um judeu de nome Paulo. Ele havia sido preso por seu antecessor, por causa de alguns desentendimentos desse apóstolo com os sumos sacerdotes e os anciãos de Jerusalém, a respeito de um certo Jesus, que já havia morrido, mas que Paulo afirmava estar vivo. De tudo o que Paulo lhe falou, Festo guardou essa afirmação: Cristo morreu, mas está vivo!

> *"Vinde a mim, todos os que estais cansados e carregados de fardos, e eu vos darei descanso. Tomai sobre vós o meu jugo e aprendei de mim, porque sou manso e humilde de coração, e encontrareis descanso para vós, pois o meu jugo é suave e o meu fardo é leve."*
> *(Jesus: Mt 11,28-30)*

Os primeiros cristãos seguiam uma pessoa, não verdades de fé, mesmo porque as definições dogmáticas em resposta à pergunta "Quem é Jesus Cristo?" foram sendo esclarecidas pelos concílios ecumênicos pouco a pouco, ao longo de vários séculos. Os discípulos de Jesus de Nazaré nem tinham consciência de estar seguindo uma religião – tanto que, para os identificar, o povo dizia que eles eram seguidores do "Caminho" (At 9,2). A partir da comunidade de Antioquia é que eles passaram a ser conhecidos como "cristãos".

Jesus Cristo "é a imagem do Deus invisível, o primogênito de toda criação... Ele existe antes de todas as coisas e nele todas as coisas têm consistência. Ele é a Cabeça do corpo, que é a igreja, é o princípio, Primogênito dentre os mortos".
(Paulo: Cl 1,15.17-18)

Os cristãos, assíduos na escuta da Palavra de Deus (At 2,42), viam no Evangelho a apresentação do Pai, feita por seu Filho, Jesus de Nazaré. Alegravam-se de poder conhecer o rosto de Deus, seu jeito de ser e sua intimidade. Sabiam que eram dirigidas também a eles as palavras do Pai, em relação a Jesus: "Este é meu Filho amado" (Batismo e Transfiguração do Tabor). Sentiam-se amados infinitamente pelo Pai e estavam atentos à solene proclamação feita por Jesus: "Chegou para vós o Reino de Deus! O Reino de Deus está próximo!"

"Reino dos Céus" (cf. Mateus) ou "Reino de Deus" (cf. Marcos e Lucas) são expressões sinônimas, que aparecem mais de setenta vezes nos Sinóticos. Elas significam a vida que Deus quer para nós; o domínio de Deus sobre os homens; a soberania de Deus; o reinado de Deus nos corações. Com esse anúncio, Jesus quer nos garantir: Deus está perto de nós; Ele está conosco! Seu Reino desceu à terra e é marcado pela misericórdia. Agora, acabou-se a distância entre o Pai e nós. Não temos mais razão para ter medo, pois não estamos mais abandonados; estamos, sim, no coração do Pai.

Já, por intermédio do profeta Jeremias, Deus nos assegurara: "Amor muito antigo é o que sinto por ti; por isso guardo por ti tanta ternura" (Jr 31,3). Nós estamos em seu coração, uma vez que somos preciosos a seus olhos. Se uma mãe não é capaz de se esquecer de seu filhinho, como Ele se esqueceria de nós? Nosso nome está gravado em sua mão (cf. Is 49,16).

Para entrar na dinâmica desse amor e ser testemunhas da misericórdia e da ternura divinas, há necessidade de uma mudança radical em nosso coração; há necessidade de uma conversão. Converter-se é ter um encontro pessoal com Jesus Cristo, que abre novos horizontes na vida de quem o aceita, dando-lhe um rumo decisivo. Converter-se é conhecer sempre mais a Jesus

Cristo; é viver convicto de que segui-lo é uma graça e transmitir essa descoberta aos demais é uma tarefa que ele nos confiou, ao nos chamar e nos escolher (cf. Aparecida 18). Converter-se, enfim, é ouvir diariamente, como dirigida a si, o anúncio de Jesus: "Chegou para vós o Reino de Deus! Arrependei-vos e crede no Evangelho" (Mc 1,15).

Texto Bíblico*: "Depois que João foi preso, Jesus foi para a Galileia, pregando o Evangelho de Deus e dizendo: 'Cumpriu-se o tempo, e está próximo o Reino de Deus. Arrependei-vos e crede no evangelho'" (Mc 1,14-15).

Oração:** "Venha a nós teu Reino!" (Mt 6,10)

** O texto bíblico indicado no final de cada capítulo deste livro é para uma leitura orante da Palavra de Deus – isto é, para uma Lectio divina. Leia o Apêndice B: A LECTIO DIVINA (p. 73), para ter clareza quanto aos passos a serem dados.*

*** Essa oração é para ser repetida durante o dia, em qualquer momento ou lugar.*

2

Arrependei-vos e crede no Evangelho
(Mc 1,15)

Cristo Jesus "se entregou por nós para nos resgatar de toda iniquidade e purificar para si um povo que lhe pertença e que seja zeloso em praticar o bem".
(Tito: Tt 2,14)

Por que temos necessidade de nos arrepender para abraçar o Evangelho? A razão é simples: o pecado é incompatível com a vida do Espírito Santo em nós; não há conciliação possível entre o pecado e a graça.

Nossa época está envolvida pelo pecado. Nesse ponto, um otimismo ingênuo chega a ser ridículo. Já no início da Bíblia, lemos a observação que Deus fez a Caim: "O pecado espreitará a tua porta. Ele te deseja, mas tu deves dominá-lo" (Gn 4,7). O pecado afasta o ser humano dos caminhos de Deus.

Para muitos, contudo, não há mais sentido falar em pecado; dizem que dar importância ao pecado é não reconhecer a liberdade humana. (Sartre: "Se Deus existe, o ser humano não é livre; se o ser humano é livre, Deus não existe"); para outros, ele é apenas uma deficiência psicológica; para não poucos, trata-se somente de uma fonte de prazeres. A verdade é que "o mundo perdeu a consciência do que é pecado" (Pio XII, Alocução ao Congresso de Catequistas dos USA, 26.10.1946).

"O Filho de Deus assumiu a natureza do homem para reconciliá-lo com seu Criador, de modo que o demônio, autor da morte, fosse vencido pela mesma natureza que antes vencera."
(S. Leão Magno, séc. V, Sermo I, 1)

Em 1973, o papa São Paulo VI surpreendeu a muitos ao se referir à presença e à ação do demônio no mundo e na Igreja, ao dizer que se a sensação de que, "de alguma rachadura, entrou a fumaça de Satanás no templo de Deus. Há a dúvida, a incerteza, a problemática, a inquietação, a insatisfação, o confronto. Não se confia mais na Igreja. Como aconteceu isso? Houve a intervenção de um poder adverso. Seu nome é Diabo, esse misterioso ser ao qual o apóstolo Pedro faz referência em sua carta. O mal não é somente uma deficiência (...); é um ser vivo, espiritual, pervertido e pervertedor. Terrível realidade, misteriosa e terrível" (15.11.1972).

Segundo o Concílio Vaticano II, "constituído por Deus em estado de justiça, o ser humano, contudo, instigado pelo Maligno, desde o início da história, abusou da própria liberdade. Levantou-se contra Deus, desejando atingir seu fim fora dele" (GS, 13). O Vaticano II menciona o Maligno 17 vezes, com vários nomes: Satanás, Demônio, Antiga Serpente, Poderes das Trevas, Príncipe deste mundo. Cinco das referências estão na Constituição Pastoral "Gaudium et Spes", o texto mais otimista do Concílio. Para a fé cristã (cf. Catecismo da Igreja Católica, 391-395), o Demônio é uma presença misteriosa, mas real, pessoal; é o "Príncipe deste mundo". As "tentações de Jesus no deserto nos recordam que a vida do cristão, nas pegadas do Senhor, é uma batalha contra o espírito do mal. (...) Devemos estar conscientes da presença desse inimigo astuto, interessado em nosso fracasso e em nossa condenação eterna, e nos preparar para nos defendermos dele e combatê-lo" (Papa Francisco, 21.2.2021).

"Não foram os demônios que crucificaram Jesus, mas foste tu que fizeste crucificá-lo e ainda o crucificas, quando te deleitas nos vícios e nos pecados."
(S. Francisco de Assis, séc. XIII, Admonitia 5,3)

Justamente porque o Demônio procura nos afastar de Deus, Jesus nos ensinou a pedir: "Pai... não nos deixeis cair em tentação". Segundo Santa Catarina de Sena, Doutora da Igreja, o pecado consiste em amar o que Deus recusou, e em recusar o que Deus amou (cf. "Orações", 9). "Sei", afirmou ela, "que o Demônio perdeu a santidade, mas não a esperteza, com a qual poderia enganar-me" (Carta 92,2); "ele não dorme e nos molesta sempre" (Carta 287,4).

Enquanto durar a história, o mal permanecerá no mundo. Ele reaparecerá continuamente de novas maneiras. Ele sempre se oporá aos valores do Reino de Deus. Pior: ele é capaz de levar ao fracasso as mais belas iniciativas na Igreja ou no mundo, bem como o esforço para nos convertermos. Por isso a primeira decisão e consequência da conversão é a superação do pecado, pelo menos dos pecados conscientes. O pecado é a única realidade incompatível com o caminho da santidade e com qualquer progresso espiritual. Assim, há necessidade de uma vigilância constante contra o mal que quer nos arrastar para longe de Deus.

Para Jesus, converter-se significa mudar o coração e a vida, produzindo frutos de santidade.

Texto bíblico: "Sede sóbrios e vigiai. Vosso adversário, o diabo, rodeia-vos como um leão a rugir, procurando a quem devorar. Resisti-lhe, firmes na fé" (1Pd 5,8-9).

Oração: "Não nos deixes cair em tentação!" (Mt 6,13)

3
Com os olhos fixos em Jesus
(Hb 12,2)

"Meu Senhor e meu Deus!"
(Tomé a Jesus Ressuscitado: Jo 20,28)

Reconciliados com Deus, somos convidados a correr "com perseverança na competição que nos é proposta, com os olhos fixos em Jesus, que vai à frente de nossa fé e a leva à perfeição" (Hb 12,2). O que nos motiva a ter "os olhos fixos em Jesus" é a certeza de que ele é o Filho de Deus, nosso Salvador.

Já nos primeiros tempos da Igreja havia a convicção de que Jesus Cristo é o Filho de Deus e o Salvador do mundo. Perfeito em sua divindade e perfeito em sua humanidade, ele é verdadeiro Deus e verdadeiro homem. "Por causa de nossa salvação, desceu, encarnou-se e se fez homem, e padeceu, e ressuscitou ao terceiro dia, e subiu aos céus, havendo de vir julgar os vivos e os mortos" (Concílio de Niceia, 325 – Denzinger, 125). Se excluirmos de nossa fé que Jesus Cristo é o verdadeiro Deus, todo o edifício se desmorona, inclusive a fé na Trindade; se excluirmos que ele é o verdadeiro homem, excluímos a encarnação e, portanto, a salvação.

"Eu sou...
- "o pão da vida" (Jo 6,35);
- "a luz do mundo" (Jo 8,12);
- "a porta das ovelhas" (Jo 10,7);
- "o bom Pastor" (Jo 10,11);
- "a ressurreição e a vida" (Jo 11,25);
- "o caminho, a verdade e a vida" (Jo 14,6);
- "a videira verdadeira" (Jo 15,1).
(Autoapresentação de Jesus)

A Igreja tem como missão evangelizar. Isso significa que ela deve apresentar Jesus Cristo, "Filho único do Pai, cheio de graça e de verdade" (Jo 1,14). "Não haverá nunca evangelização verdadeira se o nome, a doutrina, a vida, as promessas, o Reino e o mistério de Jesus de Nazaré, Filho de Deus, não forem anunciados" (São Paulo VI, "Evangelii Nuntiandi", 22).

Só consegue apresentar Jesus quem o tiver encontrado. Não se trata de um encontro "com uma ideia ou com um projeto de vida, mas com uma Pessoa viva que nos transforma profundamente, revelando nossa verdadeira identidade de filhos de Deus" (Bento XVI, 17.10.13). Com Jesus, "nunca estamos sozinhos, mesmo nos momentos difíceis, mesmo quando o caminho da vida é confrontado com problemas e obstáculos que parecem insuperáveis... e há tantos..." (Papa Francisco 24.3.13). Daí a razão do convite feito a cada cristão: renovar seu encontro pessoal com Jesus Cristo ou, ao menos, "tomar a decisão de se deixar encontrar por ele, de procurá-lo dia a dia sem cessar" ("Evangelii Gaudium", n. 3).

"Tende entre vós os mesmos sentimentos que havia em Cristo Jesus. Ele, existindo em forma divina, não considerou um privilégio ser igual a Deus, mas esvaziou-se, assumindo a forma de servo, e tornando-se semelhante ao ser humano e encontrado em aspecto humano, humilhou-se, fazendo-se obediente até a morte – e morte de cruz!"
(Paulo: Fl 2,5-8)

Mas quem é Jesus Cristo? Por que escolhê-lo? Afinal, ele não é o único líder que tem uma proposta religiosa para nós. Todas as religiões têm como fundamentos básicos a oração, a esmola, o jejum, o amor e a paz. Então, o que Jesus nos traz de novo? Por que escolhê-lo e não escolher a um outro?

Cremos que Jesus Cristo é o Filho de Deus. Ele é a manifestação de Deus em forma humana; ele é o Filho do Homem – isto é, é o homem na plenitude de sua condição divina; ele é o Homem-Deus: manifestação visível de Deus invisível. "Ele é a imagem do Deus invisível" (Cl 1,15). Só ele pode nos revelar Deus e nos fazer conhecer quem é Deus. Ele nos manifesta o rosto de Deus que ninguém viu (Jo 1,18); só Jesus Cristo pode nos dar o perdão dos pecados, a ressurreição e a vida eterna.

O cristianismo não parte de uma ideia sobre Deus para concluir que Jesus é igual a ele. No cristianismo, o ponto de partida não é Deus, mas Jesus. É preciso, pois, ter os olhos fixos nele e nos debruçar sobre o Evangelho para conhecê-lo. Ele disse: "Quem me vê, vê o Pai" (Jo 14,9). Jesus convida seus discípulos a conhecerem o Pai a partir de sua experiência. Portanto não se trata de multiplicar reflexões e estudos para se buscar Deus, mas de acolher Jesus, que nos apresenta o Pai e nos ensina o caminho para ir até Ele.

Nessa proposta, ocupa um lugar de destaque o amor aos irmãos, pois, por meio de manifestações de amor ao próximo, prestamos a Deus um culto que lhe agrada. E aos que não têm razões para viver e lutar, ou que vivem sufocados pelo peso dos problemas e das doenças, Jesus faz um convite: "Vinde a mim, vós que estais aflitos e sobrecarregados, e eu vos aliviarei" (Mt 11,28).

Texto bíblico: "E nós vimos e damos testemunho: o Pai enviou seu Filho como Salvador do mundo. Todo aquele que confessa que Jesus é o Filho de Deus, Deus permanece nele, e ele em Deus" (1Jo 4,14-15).

Oração: "Senhor, tu tens palavra de vida eterna!" (Jo 6,68)

4
Por que me procuráveis?
(Lc 2,49)

> *"É preciso cavar fundo em Cristo, que se assemelha a uma mina riquíssima, contendo em si os maiores tesouros; nela por mais que alguém cave, nunca encontra fim ou termo."*
> *(S. João da Cruz, séc. XVI, Cântico Espiritual, Red. B. str. 36-37)*

Fazia parte das tradições judaicas, no tempo de Jesus, ir sempre que possível ao Templo de Jerusalém, para ali participar das celebrações religiosas. A própria viagem era envolvida pela oração: os peregrinos caminhavam rezando Salmos – os chamados Salmos de Subida, ou das Romarias (120-134), proclamando: "Alegrei-me quando me disseram: Vamos à casa do SENHOR" (Sl 122/121,1). Foi com essa alegria que, quando Jesus tinha doze anos, a sagrada Família peregrinou de Nazaré a Jerusalém. O evangelista Lucas observou: "Todos os anos, os pais de Jesus iam a Jerusalém para a festa da Páscoa" (Lc 2,41). Dessa vez, porém, tiveram uma surpresa: terminada a festa, Maria e José, ao voltarem para casa, não perceberam que Jesus havia ficado na cidade santa. Depois de uma longa busca – três dias! –, eles o encontraram no Templo, sentado entre os mestres da Lei, "ouvindo-os e fazendo-lhes perguntas" (Lc 2,46).

É a primeira vez que os Evangelhos se referem a palavras de Jesus, e o evangelista Lucas destaca que ele estava fazendo perguntas. Não sabemos quais ele fez aos mestres do Templo. O que sabemos é que, ao encontrá-lo, sua Mãe lhe perguntou: "Filho, por que agiste assim conosco?" (Lc 2,48). Ele lhe respondeu com duas perguntas: "Por que me procuráveis? Não sabíeis que eu devo estar naquilo que é de meu Pai?" (Lc 2,49). É possível que, para Maria e José, essa maneira de ser de Jesus não tenha causado estranheza, pois já deviam estar acostumados com suas perguntas. O povo, por sua vez, começou a conhecer esse seu jeito já no início de sua pregação.

Um dia João Batista estava com dois de seus discípulos. Ao ver Jesus passar, João o apontou, dizendo: "Eis o Cordeiro de Deus!" (Jo 1,35). A conclusão dos dois discípulos foi lógica: se esse era o "Cordeiro de Deus", o Cristo, o Messias, o Ungido, aquele de quem João Batista havia afirmado ser tão importante que ele próprio não era digno nem de desatar a correia de sua sandália, só havia uma decisão a tomar: segui-lo. Então, "Jesus voltou-se para trás e, vendo que eles o seguiam, perguntou-lhes: 'Que procurais?'" (Jo 1,38).

"Quando pensamos em Cristo, sempre nos lembramos do amor com que nos concedeu tantas graças e da grande ternura que nos testemunhou. (...) Amor pede amor." *(Santa Teresa de Ávila, séc. XVI, De Libro vitae, 22,14)*

Perguntar é uma forma de se aprender o que não se sabe. Quantos "por quês?" indaga uma criança? É assim que ela aprende, situa-se, conhece o mundo e as pessoas. Perguntar é também uma forma de obrigar o outro a se posicionar. Com suas perguntas, Jesus quer continuar inquietando aqueles que se aproximavam dele. Suas perguntas nos obrigam a olhar para nós próprios.

A quem vivia preocupado com coisas superficiais, ele perguntou: "Por que ficar preocupado quanto ao vestuário?" (Mt 6,28). E esclareceu: "Se Deus veste assim a erva do campo, que hoje está aí e amanhã é lançada ao forno, não o fará muito mais a vós, fracos na fé?" (Mt 6,30). Diante de quem criticava os erros dos outros, ele interrogou: "Por que reparas no cisco no olho de teu irmão, e a trave em teu próprio olho não percebes?" (Mt 7,3). Aos apóstolos, que navegavam no Lago de Genesaré e o acordaram, pois estavam assustados com a tempestade que parecia afundar o barco, Jesus respondeu com uma pergunta: "Por que tendes medo, fracos na fé?" (Mt 8,26). Em outra ocasião, diante de uma multidão faminta, o Mestre lhes perguntou: "Quantos pães tendes?" (Mt 15,34). No Horto das Oliveiras, a Pedro que não conseguia ficar vigilante a seu lado, interrogou: "Simão, estás dormindo?" (Mc 14,37). A esse mesmo Pedro, após sua ressurreição, Jesus interrogou: "Simão, filho de João, tu me amas mais do que estes?"

"O que Nosso Senhor trouxe de novo ao mundo com sua vinda? Ele trouxe toda a novidade, trazendo sua própria pessoa, anunciada antecipadamente." *(Santo Irineu de Lião, séc. II, Contra as Heresias IV,34,1)*

Os evangelistas registraram mais de duzentas perguntas de Jesus. Quantas outras ele deve ter feito ao longo de suas caminhadas! Hoje, voltando-se para nós, ele nos pergunta: "E vós, quem dizeis que eu sou?" (Mt 16,13). Atenção: responder-lhe é comprometer-se. Se tivermos um coração de discípulo, faremos o que fizeram os discípulos de João Batista e tantos outros discípulos que, ao longo da história, passaram a segui-lo.

Texto bíblico: "No dia seguinte, João estava lá, de novo, com dois de seus discípulos. Vendo Jesus passar, ele disse: "Eis o Cordeiro de Deus"! Os dois discípulos ouviram-no dizer isso e seguiram Jesus. Jesus voltou-se para trás e, vendo que eles o seguiam, perguntou-lhes: "Que procurais?" (Jo 1,35-39).

Oração: "Mestre, onde moras?" (Jo 1,38)

5
Quem é meu próximo?
(Lc 10,29)

> *"Hoje, o mundo é um calvário aberto. Os sofrimentos mentais e físicos estão em toda parte. A dor e o sofrimento entraram em tua vida, mas lembra-te que a dor, o infortúnio e o sofrimento são beijos de Jesus – sinais de que tens estado tão próximo dele que ele pode beijar-te."*
> *(Santa Teresa de Calcutá, séc. XX, Livro: O amor: um fruto perene)*

"Certo homem descia de Jerusalém para Jericó, e caiu nas mãos de assaltantes, que lhe arrancaram tudo, espancaram-no e foram embora, deixando-o meio morto." Assim começa uma das parábolas de Jesus. Um doutor da Lei havia lhe perguntado: "Mestre, que devo fazer para herdar a vida eterna?" Jesus lhe devolveu a pergunta: "O que está escrito na lei? Como lês?" Para aquele profundo conhecedor do Antigo Testamento, a resposta era simples. Bastava repetir o que estava no Livro do Deuteronômio: "Amarás o Senhor, teu Deus, de todo o teu coração, com toda a tua alma, com toda a tua força e com todo o teu entendimento; e a teu próximo como a ti mesmo" (Dt 6,5).

Tão brilhante resposta não deixou de ser elogiada por Jesus: "Respondeste corretamente. Faze isso e viverás". O interlocutor, contudo, não se deu por satisfeito e apresentou a Jesus um novo problema: "E quem é meu próximo?"

A conversa passava agora do campo teórico para o prático. Não se tratava mais de apresentar princípios e, sim, de descer ao concreto, à vida de cada dia. Nasceu, então, a conhecidíssima "Parábola do Bom Samaritano" (Lc 10,25-37).

Um certo homem. Jesus não lhe dá um nome, não diz onde nasceu, nem se refere a sua idade; não entra em detalhes sobre sua situação financeira ou seu ofício. É simplesmente um homem, um homem que passa, que é assaltado e que fica prostrado à beira da estrada, necessitado de alguém que o ajude.

Mas será que esse homem não tem mesmo um nome e um rosto definido? Será realmente um ilustre desconhecido? Lendo outras parábolas e atentos aos ensinamentos do Evangelho, descobriremos que esse homem tem um nome, sim: chama-se Jesus de Nazaré! O homem assaltado tem o rosto do Filho de Deus. É o próprio Jesus que se identifica com ele: "Todas as vezes que fizestes isso a um dos menores de meus irmãos, foi a mim que o fizestes" (Mt 25,40). É Jesus que está ferido em uma das tantas estradas de nossa vida. Ali, ele está precisando de nós.

"Lava-te no sangue de Cristo crucificado, esconde-te na chaga do seu coração. Faz desse lugar uma morada, para conheceres bem a ti mesma e a imensidão da bondade divina. Ali conceberás grande amor pela glória divina e pela salvação das almas, e apresentarás a Deus amorosos desejos a favor delas."
(Santa Catarina de Sena, séc. XIV, Carta 251)

Em um momento ele se confunde com um membro de nossa própria família, que está necessitado de alguém que o escute; em outro, apresenta-se no rosto dos vizinhos do bairro, que pedem nossa colaboração em um mutirão comunitário; pode-se fazer presente por intermédio do jovem drogado, à procura de razões para viver, como talvez se manifeste no gesto do menino de rua que pergunta a quem passa: "Vai uma engraxada?" Por vezes ele se aproxima de nós em corpos marcados pela doença; em outros momentos, quando somos solicitados a participar de um sindicato, de uma associação de classe ou de um clube de serviço.

A parábola do homem que descia de Jerusalém para Jericó teve um final feliz. É verdade que alguns passaram a seu lado e nada fizeram. Mas houve alguém, da cidade de Samaria, de onde não se acreditava que pudesse surgir algo de bom (judeus e samaritanos eram inimigos!), que viu o homem assaltado, moveu-se de compaixão, aproximou-se dele, cuidou de suas chagas, conduziu-o à hospedaria e dispensou-lhe cuidados. Por isso, referindo-se ao Samaritano, que havia usado de misericórdia para com um desconhecido, Jesus motivou o doutor da Lei a fazer o mesmo.

Qual será o final das histórias de seu tempo, essas histórias reais que acontecem a seu lado e das quais você é protagonista? O que significará ser "samaritano", ser "bom samaritano" no dia a dia de sua vida?...

Texto bíblico: "Se alguém disser: 'Amo a Deus', mas odeia seu irmão, é mentiroso; pois quem não ama seu irmão, a quem vê, não poderá amar a Deus, a quem não vê. E este é o mandamento que dele recebemos: quem ama a Deus, ame também seu irmão" (1Jo 4,2-21).

Oração: Senhor, ensina-me a amar meus irmãos como tu me amas!

6

Este é meu Filho amado

(Mt 17,5)

A transfiguração de Jesus no monte Tabor* ficou profundamente gravada no coração dos apóstolos. Os evangelistas Mateus, Marcos e Lucas registraram esse momento com detalhes (Mt 17,1-9; Mc 9,2-10; Lc 9,28-36).

Jesus, ao vir a este mundo, escondeu sua divindade. Em Nazaré, ele era considerado uma pessoa como as outras: "Não é o filho do carpinteiro? Sua mãe não se chama Maria? Seus parentes não estão entre nós?" (Mt 13,55). A transfiguração foi a manifestação do que estava escondido.

Cristo Jesus "esvaziou-se, assumindo a forma de servo e tornando-se semelhante ao ser humano... humilhou-se, fazendo-se obediente até a morte – e morte de cruz!" (Paulo: Fl 2,7-8)

O evangelista Lucas começa a descrição desse acontecimento comentando que Jesus "subiu ao monte para rezar". Ao longo de sua vida, o Mestre dedicou muito tempo à oração. Em sua caminhada de cidade em cidade, começava a enfrentar momentos difíceis; as multidões, que antes o acompanhavam com entusiasmo, agora o abandonavam; alguns diziam que era um fanático. Mais e mais ficava claro que sua obra, antes de alcançar a vitória, seria envolvida pelo sofrimento e pela Cruz.

Enquanto Jesus rezava no monte Tabor, seu rosto se transformou. Essa mudança, que os evangelistas Marcos e Mateus chamam de transfiguração, é sinal da glória de Deus. O livro do Êxodo descreve que também o rosto de Moisés brilhava ao entrar em contato com o Senhor (cf. Ex 34,29-35). Quando há um encontro profundo com Deus, a pessoa manifesta isso em seu rosto e na paz que transmite. A transfiguração de Jesus

* Tabor: desde o século III se diz que o monte Tabor (400m) foi o lugar onde se deu o fato da Transfiguração. Os evangelistas se referem a uma "alta montanha" (Mateus e Marcos) ou, simplesmente, a uma "montanha" (Lucas). O apóstolo Pedro, referindo-se à experiência da Transfiguração, chamará o local de "santo monte" (1Pd 1,18).

era um sinal de que seus sofrimentos e sua morte não seriam a última palavra do Pai sobre ele. A última palavra seria sua ressurreição, sua vitória sobre o pecado e a morte.

No alto do monte Tabor, apareceram dois personagens, que falaram com Jesus e também estavam envolvidos em glória: Moisés e Elias. Eles simbolizavam o Antigo Testamento, isto é, a Lei e os Profetas. Tudo no Antigo Testamento converge para Jesus. Sem Jesus, essa parte da Bíblia se tornaria incompreensível; mas, sem o Antigo Testamento, não compreenderíamos devidamente a missão de Jesus.

"Estais firmemente convencidos acerca de Nosso Senhor, que é verdadeiramente da raça de Davi segundo a carne, Filho de Deus segundo a vontade e o poder de Deus, verdadeiramente nascido de uma virgem; (...) Ele foi verdadeiramente pregado [à cruz] por nós na sua carne, sob Pôncio Pilatos (...); ele sofreu verdadeiramente, assim como ressuscitou verdadeiramente."
(Santo Inácio de Antioquia, séc. II, Epistula ad Smyrnaeos 1-2)

Na grandiosidade do momento, Pedro fez uma proposta: a construção de três tendas. Quem constrói uma tenda quer fixar-se no lugar. Mas Jesus ainda estava percorrendo seu caminho. Sua obra ainda não havia terminado. Havia muitos outros que precisavam ouvir sua palavra. Antes de chegar à glória, Ele deveria passar pelo Calvário. Também nós passamos pela mesma experiência. Quando participamos de um momento que nos agrada muito, que nos deixa felizes, desejamos que aquela experiência não termine, mas dure para sempre. Ainda mais que, ao voltar para a realidade de nosso dia a dia, encontraremos problemas, dificuldades e desafios. Mas o Tabor – isto é, os momentos de alegria – não é um fim em si mesmo. Sua função é a de nos preparar para a rotina diária, com suas exigências e lutas.

Das nuvens, saiu uma voz. Na Bíblia, uma nuvem no alto de um monte é sinal da presença de Deus. Nessa hora, o Pai, que já se havia manifestado por ocasião do Batismo de Jesus, manifestou-se novamente, repetindo: "Este é meu Filho amado. Escutai-o". É como se Ele nos dissesse: Eu não preciso mais lhes falar, pois agora é meu Filho que lhes fala em meu nome. Prestem atenção nele!

No final da transfiguração do Tabor, Jesus ficou sozinho. Ele nos basta.

Texto bíblico: "De tal modo Deus amou o mundo, que deu seu Filho Unigênito, para que todo aquele que nele crer não pereça, mas tenha a vida eterna" (Jo 3,16).

Oração: Pai santo, que sejamos "um" como Tu és "um" com Jesus!

7
Bendito o que vem em nome do Senhor
(Mt 21,9)

"O Verbo, recebendo a natureza humana e oferecendo-a em sacrifício, assumiu-a em sua totalidade, para nos revestir depois de sua natureza divina."
(Santo Atanásio, séc. IV, Epist. Ad Epictetum, 5-6)

Pelas estradas da Galileia passou um homem aparentemente comum. Vestia-se como os outros. Falava a mesma língua. Não tinha nenhum sinal externo que o tornasse diferente, que chamasse a atenção dos demais. Sua mensagem é que surpreendia a todos. Dizia que eram felizes os pobres de espírito, os que choram, os pacíficos, os misericordiosos, os que têm fome e sede de justiça etc. Ele passou três anos falando de perdão, do coração misericordioso do Pai, da necessidade de amar até os inimigos. Ensinou que a Palavra de Deus tem uma força especial; é como a semente, que, tendo sido semeada em condições adequadas, gera uma pequena planta, que cresce, torna-se uma árvore e produz muitos frutos. Ele não excluía ninguém de seu Reino. Insistia até que não tinha vindo para os bons e perfeitos, mas para os pecadores e todos os que necessitassem de seus dons.

Um dia, ele entrou na cidade de Jerusalém. O povo não se conteve e começou a aclamá-lo: "Bendito o Rei, que vem em nome do Senhor!" (Lc 19,38). Foi uma festa, uma belíssima festa. Todos davam passagem a esse rei que estava montado em um burrinho, ao mesmo tempo em que estendiam vestes e ramos de árvores para sua passagem. Havia também os que não participavam da alegria geral; insatisfeitos, comentavam entre si: "Vede: nada conseguis. Todo mundo vai atrás dele!" (Jo 12,19).

Cristo Jesus "esvaziou-se, assumindo a forma de servo e tornando-se semelhante ao ser humano... humilhou-se, fazendo-se obediente até a morte – e morte de cruz!"
(Paulo: Fl 2,7-8)

Quatro dias depois, aquele mesmo Jesus, que fora aclamado como enviado de Deus, estava diante de Pilatos, a maior autoridade local. Surpreso e curioso, Pilatos lhe perguntou: "Tu és o rei dos judeus?" Pilatos ouviu uma resposta que o deixou confuso: "Isso mesmo! Eu sou rei" (Mt 27,11). Por seu lado, o povo agora não o aclamava mais como "bendito". Muito pelo contrário, em um só grito, repetia: "Crucifica-o!... Crucifica-o!" (Mt 27,22-23).

Mais algumas horas e esse desejo do povo se realizaria. Aquele que passara a vida caminhando e dissera de si mesmo "Eu sou o caminho" (Jo 14,6) estava, agora, imóvel, pregado em uma cruz. Por ironia, haviam colocado sob o madeiro uma placa com a inscrição: "Jesus Nazareno, rei dos judeus" (Jo 19,19). Sob o riso de alguns, o alívio de outros e a dor de uns poucos, ele morreu, depois de ter perdoado a todos e de ter colocado sua vida nas mãos de seu Pai.

"O Filho unigênito de Deus, que por nós se fez homem, a fim de nos tornar seus irmãos, apresenta-se como homem diante de seu verdadeiro Pai, para levar consigo todos os novos membros de sua família."
(S. Gregório de Nissa, séc. IV, Oratio 1)

Fosse um simples rei, tudo teria terminado por aí. Mas, provando sua origem divina, três dias depois, ressuscitou. Voltando para junto do Pai, e enviando o Espírito Santo que prometera, assegurava a expansão de seu reino. Ficava cada vez mais claro que não viera para um pequeno grupo de pessoas ou para uma determinada época. Seu projeto era e é para todas as pessoas, de todos os tempos e lugares. Seu reino não se confunde, pois, com os limites territoriais de um país, nem é formado por grupos fechados ou por pessoas que se consideram donas da verdade. É um reino que nasce e cresce onde menos se espera.

Somos convidados a entrar nesse Reino. Damos passos nesse sentido, quando estudamos ou trabalhamos, quando nos divertimos ou rezamos, quando vencemos a tentação ou nos doamos aos irmãos necessitados. Ele se manifesta quando perdoamos ou somos perdoados, quando penetramos no mistério de Cristo ou levamos outros a conhecê-lo, quando lutamos pela verdade e a justiça, ou todas as vezes que nos indignamos ao encontrar pessoas que foram injustiçadas. O Reino de Deus manifesta-se também quando lemos a Palavra de Deus ou participamos de alguma organização que trabalha por uma nobre causa.

Em cada uma dessas oportunidades, é Jesus que passa em nosso caminho e nos convida a segui-lo. Ouvindo-o e fazendo nossos os seus sentimentos, iremos colaborar para a expansão do Reino de Deus – reino que teve um momento importante naquele domingo que passou a ser conhecido com o nome de Domingo de Ramos.

Texto bíblico: "A multidão clamava: 'Bendito o Rei, que vem em nome do Senhor! Paz no céu e glória nas alturas!' Do meio da multidão, alguns dos fariseus interpelaram Jesus: 'Mestre, repreende teus discípulos!' Ele, porém, respondeu: 'Eu vos digo: se eles se calarem, as pedras clamarão'" (Lc 19,38-40).

Oração: Jesus, preserva-me do fascínio da vaidade, que obscurece minha mente!

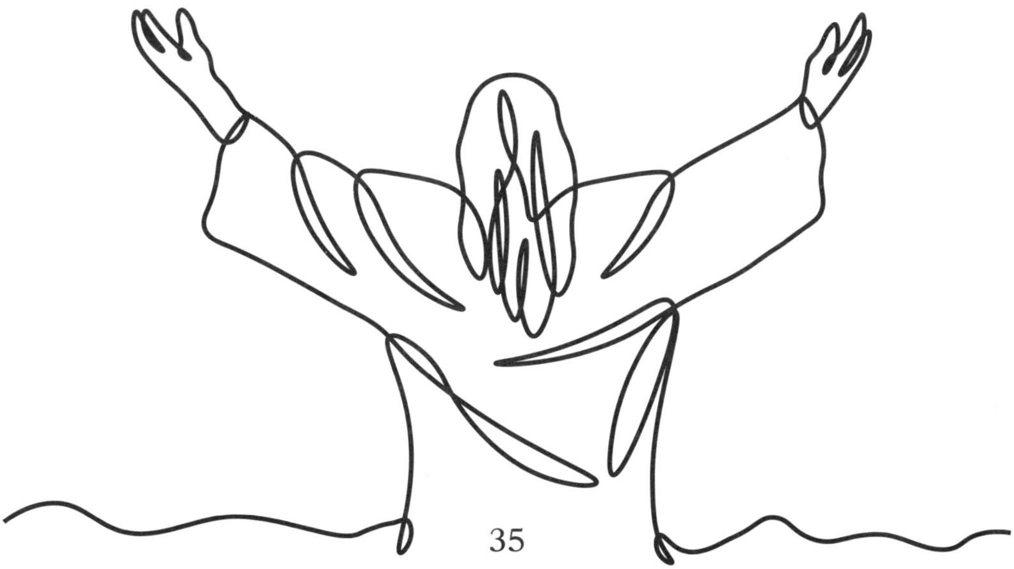

8

Tenho desejado ardentemente comer convosco esta Páscoa

(Lc 22,14)

Jesus Cristo "é a oferenda por nossos pecados, e não só por nossos, mas também pelos pecados do mundo inteiro."
(João: 1Jo 2,2)

A festa da Páscoa estava próxima. Para os judeus, a celebração anual dessa festa, para fazer memória da ação libertadora de Deus, que tirou seu povo do Egito e, pelas mãos de Moisés, conduziu-o à Terra Prometida, era normal, obrigatória. Diante, pois, da proximidade da Páscoa, quando Jesus disse aos apóstolos para prepararem o ambiente da ceia, esses não lhe perguntaram: Por quê? Ou, então: Quer dizer que vamos celebrá-la de novo? Simplesmente, foram ao local indicado por Jesus e prepararam tudo "no andar de cima, uma grande sala arrumada".

Na noite de Quinta-feira Santa, reunido com os apóstolos, Jesus expôs seus pensamentos mais profundos. Em nenhuma outra oportunidade havia expressado tão claramente seu pensamento; em nenhum outro momento falara tão abertamente do que ia em seu coração: "Tenho desejado ardentemente comer convosco esta ceia pascal, antes de padecer" (Lc 22,15). Jesus lhes deixou claro que aquele momento não estava sendo improvisado. Fora preparado e desejado por ele. Se para Cristo era um momento importantíssimo e emocionante, o que foi para os apóstolos? Pouco ou nada entenderam de tudo o que Jesus fez e falou. É o que se conclui pelo que aconteceu em seguida, enquanto caminhavam do Cenáculo para o Monte das Oliveiras: "Ora, houve uma discussão entre eles sobre qual seria o maior" (Lc 22,24). Jesus não se surpreendeu com tal discussão: havia antecipado que só com a vinda do Espírito Santo eles entenderiam suas

"Do mesmo modo como Jesus Cristo, nosso Salvador, se fez homem pela Palavra de Deus e assumiu a carne e o sangue para nossa salvação, também nos foi ensinado que o alimento sobre o qual foi pronunciada a ação de graças com as mesmas palavras de Cristo (...) é a própria carne e o sangue de Jesus que se encarnou."
(S. Justino, séc. II, Primeira Apologia a favor dos Cristãos, cap. 66-67).

palavras. Realmente, depois de Pentecostes é que os apóstolos compreenderam a extensão do "Tenho desejado ardentemente..." e da ordem: "Fazei isto em memória de mim!" (Lc 22,19) – ordem que, para os primeiros cristãos, tornou-se agradável obrigação, a ponto de se tornarem "assíduos à fração do pão" (At 2,42).

"Por essa razão, ao entrar no mundo, Cristo declara: 'Não quiseste vítima nem oferenda, mas formaste um corpo para mim. Não foram do teu agrado holocaustos nem sacrifícios pelo pecado. Então eu disse: Eis que eu venho, ó Deus, para fazer tua vontade'." *(Hb 10,5-7)*

Quando a Igreja celebra a Eucaristia, memorial da morte e ressurreição do Senhor, esse acontecimento central da salvação torna-se realmente presente e realiza-se também a obra de nossa redenção. Podemos hoje participar desse sacrifício como se tivéssemos estado presentes nos últimos momentos da vida de Jesus. É preciso considerar que a Eucaristia torna presente não só o mistério da paixão e morte do Salvador, mas também o mistério de sua ressurreição (cf. S. João Paulo II, EE 14).

Cumprindo sua promessa – "Eu estarei sempre convosco, até o fim do mundo" (Mt 28,20) –, Cristo encontra-se presente de diversas maneiras na Igreja – por exemplo, está presente em sua Palavra, no anúncio do Evangelho, nos sacramentos, quando a Igreja reza, nos pobres, nos Pastores, nos acontecimentos, na religiosidade popular, na ação missionária, na vida dos santos etc. Mas na Eucaristia sua presença é especial (cf. EE 1). Dela vive a Igreja; nutre-se desse pão vivo (cf. EE 7). É o que a Igreja tem de mais precioso para oferecer ao mundo (cf. EE 9).

Somos convidados a ver a Eucaristia a partir da perspectiva de Jesus. Reunidos com os apóstolos, na noite daquela memorável Quinta-feira Santa, ele procurou dizer aos apóstolos que não lhes estava deixando apenas uma série de ensinamentos e lembranças. Era sua própria pessoa que ele oferecia em testamento. Ele concretizava ali a nova aliança com o Pai. Ele se oferecia pela salvação do mundo.

A Eucaristia aplica aos homens e às mulheres de hoje a reconciliação obtida de uma vez para sempre por Cristo para a humanidade de todos os tempos (cf. EE 12). Ela torna presente o sacrifício da Cruz; não é mais um sacrifício, nem se multiplica. O que se repete é a celebração memorial (cf. EE 12).

Para Jesus, a Ceia Pascal era a expressão máxima de seu amor. Nela, "amou-nos até o fim" (Jo 13,1). Participando da Eucaristia, aprendemos com Jesus a "lavar os pés uns dos outros", em um serviço fraterno que deve expressar-se de mil formas, em uma extensão da santa Missa.

Texto bíblico: "Eu recebi do Senhor o que também vos transmiti: Na noite em que ia ser entregue, o Senhor Jesus tomou o pão e, depois de dar graças, partiu-o e disse: 'Isto é o meu corpo entregue por vós. Fazei isto em memória de mim'. Do mesmo modo, depois da ceia, tomou também o cálice, dizendo: 'Este cálice é a nova aliança em meu sangue. Todas as vezes que dele beberdes, fazei-o em memória de mim'" (1Cor 11,23-25).

Oração: "Senhor, dá-nos sempre deste pão!" (Jo 6,34)

9

Meu Deus, meu Deus, por que me abandonaste?

(Mt 27,46)

"Nosso Senhor Jesus Cristo é o mesmo que ora por nós, ora em nós e recebe nossa oração. Ele ora por nós como nosso sacerdote; ora em nós como nossa cabeça e recebe nossa oração como nosso Deus."
(Santo Agostinho, séc. V, Comentário sobre os Salmos, Sl 85,1)

O escritor russo Liev Tolstói († 1910) tem um conto sobre um rei que queria ver Deus. Tendo pedido a seus sacerdotes e sábios que lhe mostrassem Deus, o rei descobriu que eles não eram capazes de fazê-lo. Um pastor de ovelhas, que estava retornando do campo, confirmou que os olhos do rei não eram mesmo capazes de ver a Deus. Então, o rei queria saber o que Deus fazia. "Para responder a esse teu desejo" – disse o pastor ao soberano – "precisamos trocar nossas roupas". Hesitante, mas tocado pela curiosidade, o soberano aceitou a proposta. Tirou suas roupas reais e as entregou ao pastor, e se fez revestir da simples roupa do pobre homem. Então, ouviu a seguinte observação do pastor: "Isso é o que Deus faz". De fato, o Filho de Deus – Deus Ele mesmo – deixou seu esplendor divino, esvaziou-se e assumiu a condição de servo, tornando-se semelhante a nós; aparecendo em forma humilde, humilhou-se... até a morte de Cruz (cf. Fl 2,6ss). Deus realizou uma sagrada troca: assumiu o que era nosso, para que pudéssemos receber o que era seu, e nos tornarmos, assim, semelhantes a Ele.

Esvaziou-se e humilhou-se até a morte de Cruz! É muito fácil falar da cruz ou do sofrimento. Mais fácil ainda é fazer da dor de outros manchete de noticiários. Para falar da dor com sabedoria é preciso que a pessoa antes tenha sofrido. E, interessante: diante do sofrimento, as palavras se tornam pobres, fracas e quase inexpressivas. É por isso que, normalmente, as pessoas que mais sofrem são as que menos falam da dor.

Quando se abre o Evangelho à procura de uma explicação de Cristo para o sofrimento; quando se percorre suas parábolas e seus sermões em busca de uma reflexão profunda sobre a dor, a decepção é enorme: quase nada se encontra. Ele fala, sim, da cruz. Mas não a analisa. Apenas se apresenta como modelo e convida todos a segui-lo, cada um levando sua cruz.

Mas, então, que resposta dar a alguém que sofre? Mais importante ainda: que resposta dar a si próprio, diante de uma dor inevitável e profunda? O Evangelho tem resposta para a dor de cada dia?

"Sendo ainda peregrinos na terra, seguimos as pegadas de Cristo na tribulação e na perseguição, associamo-nos a seus sofrimentos como o corpo à cabeça, participando da paixão para participar também de sua glorificação."
(Concílio Vaticano II, Lumen gentium, 7)

No alto da cruz, Cristo sentiu-se abandonado, sozinho e esquecido por todos, até por seu Pai. Não tinha nenhum consolo, nenhuma resposta para sua dor. Aliás, essa lhe parecia inútil. Toda a sua vida lhe parecia inútil. Naquela situação, não encontrou explicação para nenhuma de suas perguntas – mesmo à pergunta que foi a expressão máxima de sua dor, de sua solidão e da sensação da inutilidade de seus sofrimentos: "Meu Deus, meu Deus, por que me abandonaste?" (Mt 27,46)

Naquela hora, como em toda a sua vida, o Pai estava a seu lado e participava de sua dor como só um Pai, que é Deus, poderia fazê-lo. A dor de Cristo, seu abandono e sua solidão foram sementes de vida; sementes de amor e amizade, de paz e solidariedade para a humanidade. Ele passou tal situação para que ninguém, nunca, se sentisse só; para que a dor de cada pessoa tivesse sentido e valor, e servisse para salvação de muitos.

De vez em quando, Cristo convida outros a participarem desse seu abandono. Em uma hora assim, ele não dá resposta aos inúmeros "por quês?" que normalmente surgem. Não é fácil, pois, alguém amar um momento de sofrimento. Torna-se, contudo, um pouco menos difícil quando Jesus Crucificado é lembrado. Ele, que pouco falou de dor, foi a própria dor. Não discorreu sobre o abandono, porque ele mesmo foi o abandonado. Não apresentou um tratado sobre a cruz: tomou aquela que lhe ofereceram e percorreu o caminho do Calvário. Sabia que lá a morte o aguardava, mas que ela seria prenúncio de ressurreição. Também a semente precisa cair em terra e morrer, para que dela possa surgir a vida.

Não adianta alguém perguntar as razões de uma dor que não entende. É preciso, isso sim, pedir ao Pai que o enriqueça de amor e confiança, uma confiança e um amor tais que o tornem suficientemente corajoso, a ponto de pôr sua vida em suas Mãos, uma vez que Ele é Deus, é Pai, é Amor.

Texto bíblico: "Jesus chegou com eles a um lugar chamado Getsêmani (...) e começou a ficar triste e angustiado. Então lhes disse: 'Minha alma está triste até a morte! Ficai aqui e vigiai comigo'. E, afastando-se um pouco, caiu com o rosto por terra e orou: 'Meu Pai, se possível, passa de mim este cálice. Contudo, não seja como eu quero, mas como tu queres'" (Mt 26,36-39).

Oração: "Tu és o Cristo, o Filho de Deus vivo!" (Mt 16,16)

10
Olharão para aquele que transpassaram
(Jo 19,37)

"Não perguntes, ó homem, por que sofres, mas por que ele sofreu por ti. Vendo tudo o que fez em teu favor, considera o quanto ele te estima, e assim compreenderás sua bondade através de sua humanidade."
(S. Bernardo de Claraval, séc. XII, Sermo I, 1)

O apóstolo e evangelista São João esteve presente no Calvário, por ocasião da crucifixão de Jesus. Ele nos descreveu o que viu: "Um soldado abriu-lhe o lado com uma lança, e logo saiu sangue e água. Aquele que viu dá testemunho, e seu testemunho é verdadeiro... Isso aconteceu para que se cumprisse a Escritura, que diz: 'Não quebrarão nenhum de seus ossos'. E outra escritura ainda diz: 'Olharão para aquele que transpassaram'" (Jo 19,34-37).

Somos convidados a fazer uma reflexão sobre essa cena, uma leitura contemplativa. O último ato da Paixão de Cristo – a abertura do lado de seu corpo – explica e resume toda a vida do Salvador. Seu Coração foi aberto como a fonte de todas as graças. Ao olhar para o Crucificado, nossa atenção se fixa em três pontos:

1º ponto: a ferida. Estamos no Calvário. Depois da morte de Jesus, a multidão se afastou; seus amigos ficaram. Alguns soldados vêm verificar como estão os corpos, e, se for o caso, apressar a morte dos crucificados, para que o espetáculo de seu suplício prolongado não perdurasse no dia do sábado.

Um dos soldados, vendo que Jesus estava morto, abriu seu lado com uma lança. Essa ferida exterior é a revelação simbólica da ferida interior, a ferida do amor. O amor: eis o que levou Jesus à morte! Cristo morreu porque quis, foi o amor que o matou. Ele mesmo havia antecipado: "Eu dou minha vida pelas ovelhas... Ninguém me tira a vida, mas eu a dou por própria vontade..." (Jo 10,15.18).

Nosso Senhor permitiu esse golpe de lança para chamar nossa atenção para seu coração e nos fazer pensar em seu amor, que é a fonte de todos os mistérios da salvação. A abertura do lado de Jesus é como que a fonte que regava o paraíso terrestre; ou como a fenda do rochedo, cuja água saciou o povo de Israel no deserto.

"Ó Coração sagrado, não foi o ferro de uma lança que te abriu, mas sim teu apaixonado amor por nós! (...) Ó ferida, que abriste com a lança do amor, através do peito divinal, estrada larga para o Coração de Cristo! (...) Deixa-me [Maria] entrar no peito aberto pelo ferro e ir morar no Coração de meu Senhor; por esta estrada chegarei até as entranhas desse amor piedoso; aí farei meu descanso, minha eterna morada."
(São José de Anchieta, séc. XVI, Poema da Bem-aventurada Virgem Maria Mãe de Deus, vv. 4470, 4480, 4495, 4500)

2º ponto: o sangue e a água. A lança do soldado, ao retirar-se, deixou jorrar uma dupla fonte de sangue e água. Para os Padres da Igreja, naquele momento, do lado aberto de Cristo, nasceu a Igreja e brotaram os sacramentos, canais preciosos da graça da salvação. Essa água que saiu de seu lado nos lembra a água que foi derramada em nós por ocasião de nosso batismo; lembra-nos, também, a água que nos purifica no sacramento da confissão. O sangue que saiu do lado de Cristo nos recorda o sangue que está todos os dias nos cálices dos altares, para ser derramado sobre o mundo todo, consolar a Igreja sofredora do Purgatório e reanimar a Igreja que peregrina na Terra.

3º ponto: "Olharão para aquele que transpassaram". Essa profecia de Zacarias foi recordada por São João (Jo 19,38), que aplica essas palavras à abertura do lado de Jesus. Essa ferida nos apresenta o Coração de Jesus. Espiritualmente, nós aí lemos o amor que tudo deu, inclusive a vida. Nesse amor, reconhecemos o motivo e o fim de todas as obras divinas: Deus nos criou, salvou-nos e nos santificou por amor. No Coração de Jesus, que dá sua vida por nós, começamos a entender a definição de São João: "Deus é amor" (1Jo 4,16).

Temos necessidade de contemplar essa ferida, para tomar consciência do quanto somos amados e como, por nossa vez, devemos amar. Contemplando-a, aprenderemos como uma pessoa deve ser capaz de agir, sofrer e dar tudo, até a morte, por Deus e pelos outros. Em nossas dores, por maiores que forem, tenhamos uma certeza: elas já foram assumidas por Jesus; ele as sofreu antes de nós. Pensemos, também, no amor que não é amado. A abertura do Coração de Jesus nos recorda seu amor, sua bondade e seu sofrimento. Ele espera de nós o amor, a gratidão e a compaixão.

Diante da cena do Calvário, digamos simplesmente: Obrigado, Senhor! Não permitas jamais que eu me separe de ti ou te esqueça! Amém.

Texto bíblico: "Corramos com perseverança na competição que nos é proposta, com os olhos fixos em Jesus, que vai à frente de nossa fé e a leva à perfeição" (Hb 12,1-2).

Oração: "Meu Senhor e meu Deus!" (Jo 20,28)

11
Com teu sangue, adquiristes para Deus gente de toda nação
(Ap 5,9)

Na Carta Apostólica que escreveu sobre o culto ao Sangue de Cristo (Indi a primis, 1960), o papa São João XXIII convidou-nos a refletir sobre o valor superabundante e infinito desse sangue preciosíssimo: "Com teu sangue, [ó Cristo], adquiristes para Deus gente de toda tribo, língua, povo e nação" (Ap 5,9). "Uma só gota dele pode salvar o mundo todo de toda culpa" (n. 9). Esse Papa, que ficou conhecido por sua bondade, incentivou a Igreja a prestar "homenagens de adoração e de amorosa gratidão" ao sangue que foi derramado na agonia do Horto das Oliveiras, na Flagelação e na Coroação de Espinhos, na subida ao Calvário e na Crucifixão, e, enfim, ao sangue que, segundo a descrição de São João (Jo 19,30-35), brotou de seu lado aberto (id., n. 10). O discípulo amado viu na água e no sangue que jorraram do corpo de Jesus a fonte da vida divina conferida pelo Espírito Santo e que nos é comunicada pelos sacramentos.

Santa Catarina de Sena (1347–1380) refletiu profundamente sobre o valor do sangue divino. Com a palavra "sangue", ela queria indicar a paixão de Cristo, isto é, seus sofrimentos redentores. Insistia que "Ninguém deve se desesperar, não obstante os próprios pecados; é preciso conservar a esperança no sangue de Cristo" (Diálogo, 28.8.4). Catarina estava convicta de que a misericórdia do Pai nos criou e, depois, recriou-nos no sangue de seu Filho (cf. Diálogo, 13). Por isso sentia-se à vontade para lhe pedir: "Concede, pois, aos homens, o fruto do sangue de Jesus. Coloca no prato da balança o peso do sangue de Jesus, para que o demônio não mais arrebate as ovelhinhas" (Diálogo, 29.2). Ela incentivava seus dirigidos espirituais com palavras de esperança: "Fostes criados para ser um templo de Deus, para acolher a graça divina, para viver virtuosamente, para participar do sangue do Cordeiro, em que nossos defeitos são lavados" (Carta 21). Quando a proclamou Doutora da Igreja, o papa São Paulo VI observou que Catarina foi uma mística do Cristo crucificado, tendo exaltado "a virtude redentora do sangue adorável do Filho de Deus, derramado no madeiro da Cruz, como amor generoso, pela salvação de todas as gerações humanas" (Homilia, 4.10.1970).

"Que necessidade havia para que o Filho de Deus sofresse por nós? Uma necessidade grande e, por assim dizer, dupla: para ser remédio contra o pecado e para exemplo do que devemos praticar. Foi em primeiro lugar um remédio, porque na paixão de Cristo encontramos remédio contra todos os males que nos sobrevêm por causa de nossos pecados. Mas não é menor utilidade em relação ao exemplo. Na verdade, a paixão de Cristo é suficiente para orientar nossa vida inteira."
(Santo Tomás de Aquino, séc. XIII, Colatio 6 super Credo in Deum)

Que conclusões podemos tirar das lições que a Igreja nos dá sobre o sangue de Cristo? Com a ajuda de Santa Catarina de Sena, lembro algumas:

O sangue de Cristo foi derramado por nós gratuitamente, sem mérito algum de nossa parte (cf. Carta 16).

- Com seu sangue, Jesus pagou o preço da escravidão do pecado (cf. Carta 1).
- Graças ao sangue do Cordeiro, "o demônio perdeu seu poderio e não mais pode nos tentar sem a permissão divina. Deus permite apenas quanto podemos suportar" (Carta 114).
- O lado de Cristo foi aberto porque Jesus quis nos mostrar que dentro dele havia mais amor por nós do que o exterior do corpo podia revelar; e também porque o batismo foi dado ao gênero humano pelos méritos de seu sangue (cf. Carta 189,2).
- "O tesouro da Igreja é o sangue de Cristo, preço das almas. Esse tesouro não foi pago para se obter bens materiais, mas para a salvação eterna do gênero humano" (Carta 209).

Como ficar indiferentes diante de tão grande prova de amor de nosso Redentor? Como agradecer devidamente ao Senhor por esse sangue que nos lava, salva-nos e santifica? O que oferecer ao Senhor, que é três vezes Santo, para lhe manifestar nossa gratidão? Só nos resta dizer com Catarina de Sena: "Eu não tenho outra coisa para te dar, Senhor, senão o que tu me deste!" (Carta 371). Ofereçamos-lhe, pois, seu próprio sangue!

Texto bíblico: "Se o sangue de bodes e a cinza de novilhas espalhada sobre os seres impuros os santificam, realizando a pureza ritual dos corpos, quanto mais o sangue de Cristo purificará nossa consciência das obras mortas, para servirmos ao Cristo vivo!" (Hb 9,13-14).

Oração: Pai santo, lava-me no sangue de teu Filho!

12
Ele não está aqui! Ressuscitou!
(Mt 28,6)

"Devo ser testemunha de seu nome: Jesus é o Cristo, o Filho de Deus vivo. Ele é o rei do mundo, é o segredo da história; é a chave de nosso destino. Devemos repetir com Pedro diante do mundo: 'Tu tens palavras de vida eterna!'"
(Papa João Paulo I, 28.9.1978)

A Sexta-feira Santa foi uma experiência traumática para os apóstolos. Com a morte de seu Mestre na Cruz, morreram também suas esperanças de uma vida diferente, prometida por Jesus. Eles não só tinham abandonado aquele a quem haviam seguido por três anos, mas, nos últimos momentos de sua vida, deixaram se levar pela mentira, pela covardia e até pela traição. Agora que ele morrera, as perspectivas para a vida desses seus discípulos não eram nada alentadoras: provavelmente, voltariam para suas ocupações anteriores; quando muito, guardando as lembranças de um tempo que foi bom enquanto durou.

Poucos dias depois, esses mesmos discípulos encontravam-se reunidos em comunidade. Não pareciam mais os mesmos; surpreendentemente, o clima dominante era agora de alegria e otimismo. Ao falarem de seu Mestre, não se referiam a um morto, mas a alguém que estava vivo. Mostravam-se até capazes de dar a vida por ele e pela propagação de seu Evangelho. O que aconteceu entre o momento da crucificação no Calvário e o renascimento da esperança no coração deles? Como compreender tão rápida e profunda transformação? O que modificou o ânimo desses apóstolos, para que passassem do desânimo total ao entusiasmo contagiante? Qualquer um deles poderia responder com as palavras que Paulo escreveria mais tarde: "Cristo morreu por nossos pecados..., foi sepultado e, ao terceiro dia, ressuscitou" (1Cor 15,3-4).

"O que nos enche com a sua graça e que nos liberta, o que nos transforma, o que nos cura e nos conforta é alguém que vive, é o Cristo ressuscitado, cheio de vitalidade sobrenatural, vestido de luz infinita."
(Papa Francisco, Exortação Apostólica Christus vivit, 124).

Não há, no texto paulino, a preocupação com detalhes, menos ainda o gosto pelo espetacular. Há um anúncio que passará a ser o centro das pregações da Igreja: Cristo ressuscitou! Com a ressurreição de Cristo e, posteriormente, com a vinda do Espírito Santo, os apóstolos compreenderam os ensinamentos de Jesus. Neles descobriram o que vários séculos antes havia sido profetizado; perceberam, também, que estavam tendo a graça e o privilégio de viverem um momento especial. Mesmo assim, como lhes era difícil acreditar em Jesus Cristo!

Acreditar significava deixar-se envolver por sua pessoa e sua proposta. Mas significava, também, viver de sua presença-ausência. A história dos discípulos de Emaús era, nesse ponto, a história de cada um deles. Identificavam-se com aqueles dois discípulos que, na tarde do domingo da ressurreição, ao voltarem para sua aldeia, percorreram um longo caminho com o Ressuscitado sem, porém, perceberem que era ele que os acompanhava. Quando Jesus partiu o pão é que o reconheceram; até então seus olhos estavam demasiadamente pesados e seus corações presos às próprias preocupações, impedindo-os de o perceberem (cf. Lc 24,13-35).

"Jesus é o sol que apareceu no horizonte da humanidade para iluminar a existência pessoal de cada um de nós e para nos orientar todos juntos rumo à meta da nossa peregrinação, rumo à terra da liberdade e da paz, onde viveremos para sempre em plena comunhão com Deus e entre nós."
(Papa Bento XVI, 06.01.2012

Mais tarde, também os primeiros cristãos fizeram idêntica experiência: pode-se conviver com Jesus, lado a lado, sem tomar consciência de sua presença. E quando essa presença é notada, é possível que, repentinamente, ele "desapareça", desejando ser procurado e encontrado em seus irmãos e suas irmãs. "Se Cristo não ressuscitou, vossa fé não tem nenhum valor", proclamará Paulo. Com muita propriedade, acrescentará: "Se é só para esta vida que pusemos nossa esperança em Cristo, somos, dentre todos os homens, os mais dignos de compaixão" (1Cor 15,17-18). As primeiras comunidades cristãs acreditaram que a mensagem de Cristo era verdadeira porque o

"Para atingir a perfeição é necessário imitar a Cristo (...), sepultando-nos com ele por meio do batismo e rompendo com a vida passada."
(São Basílio Magno, séc. IV, Livro sobre o Espírito Santo, Cap. 15,35)

Ressuscitado havia vencido a morte. Sabiam que, se isso não tivesse acontecido, as gerações posteriores teriam apenas uma série de pensamentos e gestos para recordar – pensamentos e gestos que poderiam prender a atenção de curiosos e estudiosos, mas que seriam incapazes de levar as pessoas a assumirem sua causa.

"Se ressuscitastes com Cristo, buscai as coisas do alto, onde Cristo está entronizado à direita de Deus" (Cl 3,1). O Ressuscitado continua vivo entre nós, acolhe-nos para que sejamos transformados por ele, e nos convida à doação: por intermédio de nós, ele quer acabar com toda forma de escravidão (só para lembrar: o pecado é a primeira delas!) e criar um novo tipo de relacionamento entre as pessoas. Quando os discípulos de Emaús fizeram a experiência do Ressuscitado, não se fecharam em sua descoberta: foram correndo contar a outros o que tinham acabado de descobrir. Qual é o comportamento dos discípulos de Cristo hoje?...

Texto bíblico: "Ora, se se proclama que Cristo ressuscitou dentre os mortos, como podem alguns dentre vós dizer que não há ressurreição dos mortos? Se não há ressurreição dos mortos, então Cristo não ressuscitou. E se Cristo não ressuscitou, vã é nossa pregação, e vã vossa fé" (1Cor 15,12-14).

Oração: Jesus, eu confio em vós!

13
É Cristo que vive em mim
(Gl 2,20)

Deus, quando fala, dirige-se a pessoas concretas: fala a Abraão, a Moisés, a Davi, a Salomão, a Isaías, "a nossos pais" (Hb 1,1). Antes, não se via o rosto de Deus: Ele se manifestava em uma sarça ardente, em uma nuvem ou em uma coluna de fogo. "Ultimamente nos falou por seu Filho..." (Hb 1,2). Em Jesus Cristo, Deus tem um rosto que sorri, uma mão que acaricia, um olhar que envolve e braços que se estendem. O Concílio Vaticano II (1962-1965) refere-se a isso com palavras expressivas: "Jesus trabalhou com mãos humanas, pensou com inteligência humana, agiu com vontade humana, amou com coração humano" (GS 22).

"O verbo de Deus se fez homem. O Filho de Deus tornou-se Filho do homem para que o homem, unido ao verbo de Deus, recebesse a adoção e se tornasse filho de Deus."
(Santo Irineu de Lião, séc. II, Lib 3,19,1)

Seguindo a pedagogia do Antigo Testamento, Jesus, quando ensinava, dirigia-se a pessoas reais, com nome, história, problemas etc. Por isso contava parábolas ou dava exemplos que cada um de seus ouvintes entendia: falava de sementes e pérolas, de ovelhas e moedas, de pães e pastores...

O relacionamento que Jesus de Nazaré tinha com os homens e as mulheres, as crianças e os jovens de seu tempo Ele quer ter hoje com o homem de negócios, com a jovem que será obrigada a passar o próximo domingo trabalhando como caixa de um supermercado, com o professor universitário que corrige uma prova, com a mãe de família que prepara o almoço para os filhos, com o pai de família que foi participar da santa Missa... Ao desejar manter um relacionamento pessoal com cada irmão ou irmã que conquistou com seu sangue, Jesus quer que todos passem pela experiência vivida por São Paulo. Tendo tomado consciência do amor do Senhor, esse apóstolo concluiu: "Ele me amou e se entregou por mim" (Gl 2,20).

Quando alguém – por exemplo: um político, um comerciante, um agricultor, um vizinho, um parente seu... – fala com você, fala a partir do mundo em que vive. Jesus Cristo, quando lhe fala, não parte do mundo dele; parte do mundo em que você vive. Ao olhar em sua direção, Ele vê em você o Pai, já que você foi criado à imagem e semelhança de Deus. Esse rosto do Pai poderá estar perfeito ou machucado, alegre ou triste, abatido ou preocupado, aflito ou feliz – é sempre o rosto do Pai querido.

"O corpo de Cristo dá a vida a todos os que dele participam; repele a morte dos que a ele estão sujeitos e os libertará da corrupção, porque possui em si mesmo a força que a elimina plenamente."
(S. Cirilo de Alexandria, séc. V, Lib 4,2)

Do Evangelho, colho duas passagens que mostram a maneira de Jesus se relacionar com as pessoas. A primeira delas é a parábola do Filho Pródigo (Lc 15). O filho estava consciente de sua indignidade e miséria, quando pensou em retornar para sua casa, depois de ter gastado toda a sua herança. Até preparou um discurso para o momento do reencontro. O pai o abraçou e não deu a mínima importância para as palavras decoradas. O filho sabia que seu rosto estava machucado – e queria destacar isso. Para o pai, mais importante era seu filho que estava ali, em seus braços. Ele se via no filho. O filho era parte dele, sua extensão. Como não amá-lo e perdoá-lo?

A adúltera (Jo 8). Quando ela ficou somente com Jesus, pois os que a acusavam tinham ido embora, sem coragem de lhe atirar a primeira pedra, ouviu palavras surpreendentes. Jesus não lhe perguntou as circunstâncias de seu erro nem como foi possível ela ter chegado ao ponto em que chegou. Em vez disso, Ele lhe falou: "Nem eu a condeno... Vai e não peques mais..." Com isso, abriu-lhe as portas do futuro, pois fez nascer a esperança em seu coração.

Hoje, Jesus Cristo quer ampliar os horizontes de sua vida. Promete acompanhá-lo ("Eu estarei sempre convosco...") e lhe dar uma força, a do Espírito Santo. A razão disso é muito simples: ele deseja que, no agitado mundo de hoje, também você possa dizer: "Eu vivo, mas já não sou eu quem vive; é Cristo que vive em mim" (Gl 2,20).

Texto bíblico: "Quanto a mim, que eu me glorie somente da cruz de nosso Senhor, Jesus Cristo. Por ele, o mundo está crucificado para mim, como eu estou crucificado para o mundo" (Gl 6,14).

Oração: "Senhor, tu sabes tudo, tu sabes que te amo!" (Jo 21,17)

14
Mestre, onde moras?
(Jo 1,38)

"Tirai-me antes a vida a ofender o vosso bendito Filho!"
(Santo Antônio de Sant'Ana Galvão, séc. XIX, Oração)

"Eis o Cordeiro de Deus, que tira o pecado do mundo", exclamou João Batista, ao ver Jesus, que vinha a seu encontro (Jo 1,29). E completou: "Dou testemunho: ele é o Filho de Deus" (v. 34). Para os discípulos de João Batista, esse anúncio foi tão importante que o deixaram para seguir Jesus e saber onde ele morava. Um outro João, o evangelista, ao final de sua vida, sintetizou o que havia sido para ele a convivência de três anos com Jesus de Nazaré: "O que existia desde o princípio, o que ouvimos, o que vimos com nossos olhos, o que contemplamos e o que nossas mãos apalparam... isso vos anunciamos" (1Jo 1,1 e 3). João evangelista deixou claro, assim, que sua apresentação de Jesus tinha como fundamento o fato de tê-lo encontrado. Mais: que todos podem fazer idêntica experiência – isto é, podem ouvir, ver e tocar o Filho de Deus, desde que o procurem.

Se é próprio de Deus manifestar-se para nos revelar sua intimidade, e se, em vista disso, enviou-nos seu Filho, onde encontrar Jesus Cristo hoje? De que modo e em que situações ele se revela a nós? Em que situações ele se faz presente? A fé cristã nos aponta alguns lugares desse encontro.

Nós encontramos Jesus Cristo no Evangelho e em toda a Palavra de Deus: é ele quem fala quando na Igreja se lê as Sagradas Escrituras. Por intermédio de Jesus, o Pai que está no céu vem amorosamente falar a seus filhos, revelando quem é, quem somos nós para ele e o que Ele quer de nós. Encontramos Jesus nos sacramentos, que são ações de Cristo, destinadas a nos enriquecer com a graça divina. No sacramento da Eucaristia, a presença de Cristo é especial – não que suas outras presenças não o sejam, mas porque, "graças à Eucaristia, a Igreja renasce sempre de novo" (Bento XVI, "Sacramentum Caritatis", 6). Nesse sacramento, Jesus se oferece ao Pai por nós e se oferece a nós como "pão vivo que desceu do céu" (Jo 6,51).

Jesus Cristo é encontrado onde dois ou três se reúnem em seu nome (cf. Mt 18,20), como é encontrado no pobre e no necessitado, pois quando fazemos o bem a um irmão, o fazemos ao próprio Cristo (cf. Mt 25,31-46). Jesus pode ser encontrado nos pastores que dirigem a Igreja: "Quem vos escuta, a mim escuta" (Lc 10,16), o que levou São Jerônimo a afirmar: "Eu não sigo mais ninguém senão Cristo, uno-me em comunhão com a Cátedra de Pedro. Eu sei que sobre esta pedra está edificada a Igreja... Eu estou com todo aquele que estiver na cátedra de Pedro" (Epístola 16,2). Jesus Cristo está nos corações, onde ele habita pela fé (cf. Ef 3,17), como também pode ser encontrado nos acontecimentos alegres ou tristes, dada sua promessa de permanecer conosco "todos os dias, até o fim dos tempos" (Mt 28,20). Não é fácil encontrá-lo na dor e na enfermidade, mas quando isso acontece temos a possibilidade de completar em nossa carne o que falta a sua paixão (cfr. Cl 1,24).

"Ao entardecer desta vida, comparecerei diante de vós com as mãos vazias, pois não vos peço, Senhor, que contabilizeis minhas obras. Todas as nossas justiças têm manchas a vossos olhos. Quero, portanto, revestir-me de vossa própria justiça e receber de vosso amor a eterna posse de vós mesmo."
(Santa Teresinha do Menino Jesus, séc. XIX, Ato de oferenda ao amor misericordioso)

Jesus está presente nas comunidades que vivem a fé e o amor fraterno; também está presente na vida daqueles que lutam pela justiça, pelo bem comum e pela paz. Ele está no teólogo que, à luz da Tradição e do Magistério, se aprofunda no conhecimento dos mistérios de Deus; está nos peregrinos, que buscam o rosto de Deus – e o buscam porque já o encontraram (Pascal). Jesus está presente em muitas expressões da piedade popular, como também está presente nos santuários, cujo centro não é uma devoção particular, mas o altar e o sacrário. Jesus está presente nos missionários, que oferecem sua vida para que ele seja conhecido e amado, como está presente em todos aqueles que espelham suas virtudes.

Jesus está presente em sua Mãe, Maria Santíssima que, mais do que o apóstolo Paulo, pode se apresentar a nós e nos dizer, com toda a simplicidade: "Sede meus imitadores, como eu o sou de Cristo" (1Cor 11,1).

Texto bíblico: "Se alguém quer vir após mim, negue-se a si mesmo, tome sua cruz e siga-me" (Mt 16,24).

Oração: Senhor, tu és o caminho, a verdade e a vida!

15
Ide contar o que ouvistes e vistes
(Mt 11,4)

Aprisionado, João Batista ouviu falar dos discursos e milagres de Jesus. Nasceu em seu coração uma dúvida: seria ele o Messias prometido? Só havia uma maneira de obter a resposta desejada: interrogando-o. Enviou, então, seus discípulos ao encontro do Mestre, com uma pergunta: "És tu aquele que há de vir, ou devemos esperar outro?" Em sua resposta, Jesus disse: "Ide contar a João o que estais ouvindo e vendo..." (Mt 11,3-4) – e lembrou aos mensageiros de João uma série de sinais que evidenciavam ser ele "aquele que há de vir".

Ao povo insatisfeito e faminto de verdade, Jesus apresentava uma nova perspectiva de vida, marcada pelo amor. Deixava claro que esse projeto não era seu, mas do Pai, a quem amava infinitamente. A vontade de seu Pai era que anunciasse um reino já presente neste mundo, mas que se realizaria plenamente no outro. Nesse anúncio, ele usava uma linguagem que todos entendiam: falava de pássaros do céu e de plantações de trigo, de lírios do campo e de moedas perdidas, de luz e sal, de ovelhas e pescadores. As pessoas o seguiam porque se sentiam atraídas por seu amor.

Perseguido e incompreendido, caluniado e rejeitado, Jesus nunca deixou de anunciar o Reino de Deus, nem mesmo quando, para que se calasse, pregaram-no em uma cruz. Mesmo ali continuou ensinando, por meio de palavras e gestos: falou de perdão e perdoou; preocupou-se com seus seguidores e lhes deu uma mãe;

dirigiu-se a seu Pai e entregou a própria vida em suas mãos. Ressuscitado e vitorioso, voltou para o Pai, para que assim seus discípulos recebessem o Espírito Santo. Conforme prometeu, o Advogado que enviaria seria luz e força na vida de seus discípulos.

Antes disso, deixou uma última ordem, que era um resumo do que havia feito em sua vida: "Foi-me dada toda a autoridade no céu e na terra. Ide, pois, fazer discípulos entre todas as nações e batizai-os... Ensinai-lhes a observar tudo o que vos tenho ordenado. Eis que estou convosco todos os dias..." (Mt 28,17-20). Ao partir pelo mundo para transmitir a Boa-Nova, seus discípulos enfrentaram problemas e desafios. Em nossa época, isso não é diferente. Mas quais são os desafios e problemas que devemos enfrentar hoje?

"O que fiz, o que faço e o que farei por Cristo?" (Santo Inácio de Loyola, séc. XVI, pergunta que orientou seus passos, seus pensamentos e sua ação).

Para responder a tal pergunta, é importante, por um lado, abrir o Evangelho. O projeto de Jesus Cristo para nossos dias é o mesmo de sempre: amar a Deus sobre todas as coisas e ao próximo como a si mesmo; construir o reino de justiça, de fraternidade e paz; valorizar a vida comunitária; desapegar-se de tudo, para ser de todos; saber perdoar, testemunhar a alegria, ser um servidor, amar os pobres etc. É necessário, por outro lado, estar atento ao mundo em que vivemos – mundo marcado por conquistas fantásticas, que dignificam o ser humano: doenças são vencidas e distâncias são superadas; desertos se transformam em jardins e computadores simplificam as tarefas; meios de comunicação aproximam as pessoas e transformam nosso planeta em uma pequena aldeia. Mas este nosso mundo é marcado também por manifestações de ódio e de egoísmo, por armas de destruição, pela indiferença de uns e pelo enriquecimento ilícito de não poucos. O que fizemos deste imenso jardim que Deus nos deu! É neste mundo concreto que Jesus Cristo quer que anunciemos o Evangelho. Ele não veio nos apresentar receitas prontas, apresentar fórmulas mágicas, facilitar nosso trabalho ou diminuir as exigências de sua mensagem, para que conquistemos mais seguidores. Antes, olha para cada um de nós e repete a proposta que fez a muitos outros: "Vem e segue-me!" (Mt 19,21).

"Nosso Senhor seja conhecido, amado e adorado por todos, em todo o mundo."
(Santa Paulina do Coração Agonizante de Jesus, Séc. XX, para suas Religiosas)

Seguindo-o, conheceremos a força de seus gestos e o alcance de suas palavras, a bondade de seu coração e as lições de seu coração misericordioso. Então, como os discípulos de João Batista, também nós teremos condições de sair por aí contando para todos o que ouvimos e vimos, como também o que somos chamados a viver e a ensinar.

Texto bíblico: "Vinde a mim, todos os que estais cansados e carregados de fardos, e eu vos darei descanso" (Mt 11,28).

Oração: Jesus, manso e humilde de coração, faz meu coração semelhante ao teu!

APÊNDICE A
Nascido de uma mulher
(Gl 4,4)

A região da Galácia, no centro da atual Turquia, foi visitada pelo apóstolo Paulo em sua segunda viagem apostólica. Anos depois, escrevendo às comunidades formadas pelos gálatas, o apóstolo observou: "Quando se completou o tempo previsto, Deus enviou seu filho, nascido de uma mulher, nascido sujeito à Lei, para resgatar os que eram sujeitos à Lei, e todos recebermos a dignidade de filhos" (Gl 4,4-5).

> *"Ele [Jesus] será grande e será chamado Filho do Altíssimo... Ele reinará para sempre... e seu reino não terá fim."*
> *(Anjo Gabriel a Maria na Anunciação: Lc 1,32-33)*

Quem é essa mulher, da qual Paulo não cita o nome? Quem é aquela que teve um papel importantíssimo "quando se completou o tempo previsto"? Trata-se de Maria, a Mãe do Messias-Redentor.

O preço "para resgatar os que eram sujeitos à Lei" só poderia ser pago por Deus, e não por um simples homem. Assim, Jesus, o Filho de Deus, tendo nascido de uma mulher, assumiu a condição humana. Com seu sangue, ele pagou o preço de nossa libertação; fomos, então, adotados como filhos de Deus. Maria, dando um corpo humano ao Filho de Deus, deu-lhe a possibilidade de ser verdadeiramente solidário com o gênero humano que veio salvar.

Na descrição da concepção de Jesus, de seu nascimento e do sonho de José (Mt 1,18-25), o evangelista Mateus destaca a virgindade de Maria. Foi a graça de Deus que a fez conceber. Em um sonho, esse mistério foi revelado a José. Jesus não era um simples enviado divino, semelhante aos que o precederam no Antigo Testamento, mas o Filho de Deus, o Emanuel, o Deus-conosco. Maria é aquela em quem se concretiza a promessa feita por intermédio do profeta Isaías: "A virgem ficará grávida e dará à luz um filho, e lhe porá o nome de Emanuel" (Is 7,14).

"Hoje, a Virgem traz ao mundo o Eterno, e a terra oferece uma gruta ao Inacessível. Os anjos e os pastores o louvam e os magos caminham com a estrela. Pois vós nascestes por nós, Menino, Deus eterno!"
(São Romano o Melódio, séc. VI, In diem Nativitatis Christi, Proemium).

Os contemporâneos de Jesus não entendiam o que ele dizia e fazia; mesmo testemunhando nele as obras de Deus, e admirados com sua sabedoria, eles o viam tão somente como "o carpinteiro, o filho de Maria" (Mc 6,3). O evangelista Mateus destaca por cinco vezes que o menino e sua mãe são objeto de um cuidado especial de Deus. Maria passará a ser como imagem e Mãe da Igreja; Jesus, como o novo Moisés.

Mesmo tendo tal importância na História da Salvação, a presença da mãe na obra do filho mereceu apenas breves acenos nos Evangelhos. É que os evangelistas não tinham como propósito apresentar uma biografia de Maria. Toda a Bíblia tem como finalidade testemunhar a fé de um povo que foi chamado por Deus a participar de uma aliança de amor – aliança que se tornou definitiva em Jesus Cristo. A Palavra de Deus dá destaque a dois momentos envolvendo Mãe e Filho: um ocorrido em Caná, da Galileia (Jo 2,1-11); outro, no Calvário (Jo 19,25-27).

"O que nela [Maria] foi gerado vem do Espírito Santo. Ela dará à luz um filho, e tu lhe porás o nome de Jesus, pois ele salvará seu povo de seus pecados."
(Um Anjo a José: Mt 1,20-21)

O casamento em Caná testemunha a ação do Espírito Santo no coração de Maria, levando-a a solicitar a seu Filho o prodígio da transformação da água em vinho. Com isso, Jesus deu início a seus milagres e seus discípulos acreditaram nele. Já no Calvário, Maria estava "junto à cruz de Jesus". Ali recebeu como filho "o discípulo a quem Jesus amava". Ela é a imagem da Igreja que nasceu aos pés da Cruz.

Para São Justino, filósofo e mártir († 165), um dos primeiros Padres da Igreja latina, a encarnação e a concepção virginal de Maria estavam, desde toda a eternidade, nos planos divinos: "Eva, ainda virgem e incorrupta, concebeu a palavra da serpente e deu à luz a desobediência e a morte. Maria, ao invés, a Virgem, acolhendo com fé e alegria o que o anjo Gabriel lhe anunciou – a Boa-Nova – respondeu: "Faça-se em mim segundo tua palavra". Dela nasceu aquele sobre o qual mostramos que falam tantas escrituras: por meio do qual Deus aniquila a serpente enganadora, os anjos e os homens que a ela se assemelham, e liberta da morte os que se arrependem e creem nele" (Diál. 100, PG 6, 70-702).

Sendo reconhecida e honrada como "verdadeira mãe de Deus e do Redentor", Maria "é filha predileta do Pai e sacrário do Espírito Santo, colocada muito acima de todas as outras criaturas terrestres e celestes" (Concílio Vaticano II, LG, 53). Ela é a Mãe que, dando-nos Jesus, abriu novas perspectivas em nossa vida.

Texto bíblico: "Faça-se em mim segundo tua palavra" (Lc 1,38).

Oração: Vinde, Espírito Santo, vinde por Maria!

APÊNDICE B
A LECTIO DIVINA

INTRODUÇÃO

1. A Bíblia é Palavra de Deus. A Palavra de Deus por excelência é Jesus Cristo, o SENHOR. Ele é Palavra feito carne (Jo 1).
2. Como palavra inspirada pelo Espírito Santo, os livros bíblicos têm uma força especial. As palavras bíblicas são eficazes. O mesmo Espírito Santo que as inspirou, inspira o leitor para que a compreenda com o coração e a coloque em prática.
3. Na Bíblia, não é o homem que procura Deus: Deus é que procura o homem. É Ele que tem a iniciativa da salvação.

A *LECTIO DIVINA*

1. A Expressão lectio divina (leitura divina) refere-se a uma leitura feita "com Deus", em estreita colaboração com ele. A lectio divina não é uma "invenção" recente. O próprio Jesus fazia a lectio divina: aos sábados, ia às sinagogas, lia a Sagrada Escritura, interpretava-a e a atualizava, causando admiração em todos (Lc 4,22). Ao longo da História da Igreja, esse tipo de leitura sempre foi feito. Na Idade Média é que foi sistematizado.
2. A lectio divina tem quatro momentos:

   1º) Leitura: O que diz o texto bíblico em si?

   2º) Meditação: O que nos diz o texto bíblico?

   3º) Oração: O que dizemos ao SENHOR, em resposta a sua Palavra?

4º) Contemplação: Qual é a conversão da mente, do coração e da vida que o SENHOR nos pede?

3. A lectio divina é um encontro com quem nos ama. Os quatros momentos não são partes de um esquema rígido; são uma orientação. Antes de começar o primeiro momento (leitura), invoque-se o Espírito Santo, pedindo sua luz e força.

1. Leitura

1. O cristianismo é a história de um Deus que procura o homem para fazê-lo viver consigo. Continuamente, ele nos repete: "Escuta, ó meu povo, que eu vou falar!" (Sl 49 (50),7).
2. Aquele que quer escutar o SENHOR é convidado a abrir a Palavra e alimentar-se dela, dia após dia.
3. O primeiro momento da lectio divina é chamado simplesmente de leitura. Aproximamo-nos do texto bíblico para lê-lo, interrogá-lo e escutá-lo. Nesse sentido, é básico o respeito, a leitura lenta, atenta e calma.
4. O trecho escolhido por nós deve ser lido e relido várias vezes, procurando memorizar as frases que mais nos tocarem.
5. Ler já é rezar: Jesus nos fala, aceita-nos como somos, mas não nos deixa como somos.

2. Meditação

1. Meditar é refletir sobre o que se escuta, se lê, se vê ou se sente. É penetrar no texto com o próprio pensamento; é considerar atentamente o que nos tocou. É refletir sobre os acontecimentos, à luz do plano de Deus.

2. A meditação é a investigação cuidadosa de uma verdade escondida, feita com ajuda da razão. Isso exige tempo e paciência.
3. Meditar significa envolver a própria vida no texto que foi lido, com o desejo de aproximar-se do SENHOR para ser seu discípulo. Jesus: "*O Espírito Santo, que o Pai enviará em meu nome, ele vos ensinará todas as coisas e vos recordará tudo que vos tenho dito*" (Jo 14,26).
4. Meditar é fazer como Maria, *que conservava todas as coisas em seu coração* (Lc 2,19.51).

3. Oração

[Os discípulos] "diziam um para o outro: 'Não estava ardendo nosso coração, quando ele nos falava pelo caminho e nos explicava as Escrituras?'" (Lc 24,32)

1. Rezar com a Bíblia significa viver uma comunhão com o Pai, o Filho e o Espírito Santo.
2. A oração é o reconhecimento da divina presença; é uma resposta a sua presença de amor; é voltar-se de todo o coração para Deus, afastando o mal e procurando realizar o bem; é resposta ao que o SENHOR nos ensinou.
3. A Bíblia nos leva a rezar, isto é, a viver um relacionamento interpessoal com o SENHOR. Essa oração, conformando-nos a ele, transforma-nos.
4. Lendo a Bíblia, devemos não apenas procurar entendê-la, mas fazê-la nossa. Nossa resposta ao SENHOR será uma oração de agradecimento ou de louvor, um pedido de perdão ou de alguma coisa de que precisamos.

4. Contemplação

1. A contemplação é o fruto da *lectio divina*. Trata-se de uma oração de simples olhar, oração de silêncio e de repouso; oração de simples presença diante

de Deus; oração de coração; é uma oração simples, oração de fé, sem qualquer apoio humano; oração de recolhimento ativo.

2. Contemplar é acolher Jesus; é reconhecê-lo; é vê-lo presente, agindo naquela palavra que permanece em nós; é abandonar-se em suas mãos. É ter a capacidade de parar diante dele sem nenhum motivo particular, a não ser o desejo de estar ali, com ele. Tudo isso é dom do Espírito Santo. Contemplar é cessar o diálogo e permanecer em uma experiência de adoração.
3. A contemplação é o olhar, em nós, de Deus sobre o mundo, sobre as pessoas e os acontecimentos. Não se trata de retirar-se do mundo para contemplar Deus, mas de contemplar o mundo do ponto de vista de Deus; ver sua ação e presença no mundo.
4. A contemplação nos faz descobrir que Deus não se afasta de nossa vida; nós é que não tomamos consciência de sua presença.

APÊNDICE C
Ai de mim se não evangelizar

Papa São Paulo VI - Fillipinas - 29/11/1970

"E vós, quem dizeis que eu sou?"
(Jesus Cristo: Mt 16,15)

"Nas horas difíceis, diante do Sacrário, fale com Jesus. Diga a ele que sua vida é dele. Então, ele vai cuidar de seus problemas e suas dificuldades."
(Santa Dulce dos Pobres, séc. XX, Carta de 18.1.1987)

"Ai de mim se não evangelizar!" (1Cor 9,16). Por ele, pelo próprio Cristo, fui enviado. Eu sou seu apóstolo e também sua testemunha. Quanto mais distante o país, quanto mais difícil a missão, com tanto mais veemência "o amor me impele" (2Cor 5,14). É meu dever pregar seu nome: Jesus Cristo, "o Filho do Deus vivo" (Mt 16,16). Ele é aquele que nos revelou o Deus invisível; ele é "o primogênito de toda criatura, aquele em quem tudo existe" (Cl 1,15.17). É o mestre e o redentor dos homens: por nós nasceu, morreu e ressuscitou.

É ele o centro da história e do universo. Ele nos conhece e nos ama; ele é o companheiro e o amigo em nossa vida, o homem das dores e da esperança. Ele virá de novo, para ser nosso juiz, mas também – como confiamos – a eterna plenitude de nossa vida e de nossa felicidade.

Jamais cessarei de falar sobre ele. Ele é a luz, é a verdade, mais ainda, é "o Caminho, a Verdade e a Vida" (Jo 14,6). Ele é o pão e a fonte de água viva, saciando nossa fome e sede. É o pastor, o guia, o modelo, nossa força, nosso irmão. Assim como nós, mais até do que nós, ele foi pequenino, pobre, humilhado, trabalhador, oprimido, sofredor. Em nosso favor ele falou, fez milagres e fundou um novo reino, onde os pobres são felizes, onde a paz é a origem da vida em comum, onde são exaltados os de coração puro e consolados os que choram;

"Vem, Senhor Jesus!"
(Ap 22,20)

onde são saciados os que têm fome de justiça, onde os pecadores podem encontrar perdão e onde todos se reconhecem irmãos.

Vede, este é o Cristo Jesus, de quem já ouvistes falar, em quem muitíssimos de vós já confiam, pois sois cristãos. A vós, portanto, ó cristãos, repito seu nome e a todos o anuncio: Cristo Jesus é o princípio e o fim, o alfa e o ômega, o rei do mundo novo, a misteriosa e suprema razão da história humana e de nosso destino. É ele o mediador e como que a ponte entre a terra e o céu. É ele o Filho do homem, maior e mais perfeito que todos por ser o eterno, o infinito, o Filho de Deus e Filho de Maria – ela que é bendita entre as mulheres, sua mãe segundo a carne, nossa mãe pela comunhão com o Espírito do Corpo místico.

Jesus Cristo, não vos esqueçais, é nossa inalterável pregação. Queremos ouvir seu nome até os confins da terra (cf. Rm 10,18) e por todos os séculos dos séculos (Rm 9,5)! Amém!

Este livro foi composto com as famílias tipográficas Bookmania, Acuta e Cambria e impresso em papel Offset 75g pela **Gráfica Santuário**.